DIE FARBEN

Es sind konzentrierte Spezialfarben, die Sie untereinander mischen können (allerdings nur die Farben eines Fabrikates, nicht die verschiedener Hersteller untereinander).
Sie werden erst durch das Fixieren mit Dampf licht- und waschecht. Der Handel bietet heute jedoch auch Farben an, die ohne die altbewährte Fixiermethode licht- und waschecht gemacht werden können, jedoch erreichen Sie die optimale Leuchtkraft bisher nur mit der Dampffixierung.
Ein paar Farben reichen Ihnen für den Anfang. Arbeiten Sie am besten mit den Grundfarben Rot, Gelb und Blau. Kaufen Sie dazu dann noch Braun und Schwarz. Wenn Sie es modisch lieben, bietet sich noch Pink oder Türkis an, denn diese Farben lassen sich nicht aus den Grundfarben mischen.

Tragen Sie die Farbe mit dem Pinsel auf. Läuft sie nicht gleich bis zum Trennmittelstrich, müssen Sie etwas nachtupfen. Ungewollte Farbflecken lassen sich zwar mit etwas Verdünner aufhellen, Sie sollten jedoch nicht versuchen, sie wegzuwischen, sondern sie besser in das Motiv einarbeiten.

Die Bemalung muß auf der gespannten Seide – also noch auf dem Rahmen trocknen. Solange sie noch unfixiert ist, soll sie vor Licht und Feuchtigkeit geschützt werden.

Übrigens:
Seidenmalfarben halten sich eigentlich unbegrenzt, wenn sie gut verschlossen und möglichst im dunklen Schrank aufbewahrt werden.
Seidenmalfarben sind zwar wasserlöslich, aber aus der Kleidung nur sehr mühsam wieder herauszuwaschen. Tragen Sie also am besten einen Arbeits- oder Malerkittel.

VERDÜNNER

Um Farben zu verdünnen, können Sie Wasser nehmen. Wollen Sie jedoch ganz hohe Verdünnungen und feine Abstufungen erreichen und große Flächen streifenfrei ausfüllen, empfehle ich Ihnen Verdünnungsmittel anstelle von Wasser. Diese Mittel werden von den meisten Farbenherstellern mitgeliefert. Solche Verdünner können Sie sich aber auch selbst anrühren: aus einem Teil Industriealkohol (den bekommen Sie in der Drogerie oder Apotheke) und einem Teil Wasser, oder aber aus einem Teil Brennspiritus und einem Teil Wasser.
Nur mit Alkohol verdünnt würden die Farben zu schnell trocknen und Techniken aquarellen Charakters oder auch andere Effekte wären somit erschwert.

Und hier noch ein paar Tips zur Zusammensetzung von Farben und Verdünnung:
Mehr Alkohol zugesetzt läßt die Farben stärker ausbreiten; mehr Wasser zugesetzt dämmt den Farbverlauf etwas ein; ein Tropfen Wasser oder Alkohol auf die Farbfläche geträufelt, wirkt aufhellend. (Pastelltöne übrigens verlaufen weniger als reine Farben!)

DIE PINSEL

Am besten sind die spitz zulaufenden Haarpinsel. Sie nehmen die Farbe gut auf und geben sie langsam, kontrolliert wieder ab.

sel haben, einen mittleren und einen feinen (Nr. 10, 6 und 3).
Je nach Menge der Farben, mit denen Sie arbeiten, richtet sich auch die Anzahl der Pinsel, denn Sie brauchen grundsätzlich für jede Farbe einen, wenn Sie nicht ungewollte Mischungen auf der Seide erhalten wollen, denn es haften immer Farbreste in den Pinseln.

FIXIEREN

Es gibt verschiedene Wege, die Farben auf Seide lichtecht und wasserfest zu machen. Ihre faszinierende Leuchtkraft erhalten sie jedoch nur, wenn sie dampffixiert werden – im Schnellkochtopf oder im Fixiergerät.
(Fangen Sie aber gar nicht erst an, in der Backröhre oder gar im Einwecktopf zu fixieren; dabei kommt meist ein mißlungenes Werk zum Vorschein.)
Ihre seidenen Kunstwerke können Sie auch „ambulant" fixieren lassen. Damit meine ich die Fixierdienste, die der Hobby- und Bastelfachhandel anbietet.
Gibt es keinen solchen Fixierdienst in Ihrer Nähe, lassen Sie sich vom Fachhändler Adressen geben. Dorthin schickt man das handsignierte Stück und erhält es fachgerecht fixiert zurück. (Signieren Sie es jedoch vor dem Fixieren mit Trennmittel, nach dem Fixieren mit einem wasserfesten Filzstift.)

Es gibt auch bequeme Trockenfixiermethoden, die jedoch nicht die Leuchtkraft der Farben auf Seide ausreichend zur Geltung bringen. Außerdem brauchen Sie dafür eigens abgestimmte Farben.

DAMPFFIXIEREN

Wenn Sie weiter in das Hobby der Seidenmalerei einsteigen wollen, lohnt es sich schon, ein Fixiergerät anzuschaffen. Lassen Sie sich vom Fachhandel beraten.
Wollen Sie zunächst wenige Stücke fixieren, so eignet sich das Fixieren im Dampfdrucktopf (Schnellkochtopf).
Auf diese Art können Sie gleich mehrere separat eingepackte Stücke fixieren:

Packen Sie Ihr Seidenstück in saugfähiges Papier (am besten in unbedrucktes Zeitungspapier):
Erste Lage = zwei Bogen saugfähiges Papier im Format rundum etwa 5 cm größer als das bemalte Seidenstück;
zweite Lage = Seidenstück (es muß ganz glattgestrichen werden!);
dritte Lage = wieder zwei Bogen saugfähiges Papier genauso groß wie die erste Lage.

Falten Sie nun das Ganze so zu einem Päckchen, daß es in den Siebeinsatz des Schnellkochtopfes paßt.
Binden Sie das Päckchen mit einem Faden oder mit dünner Schnur locker zusammen, dann kann es sich während des Fixiervorganges nicht öffnen.

Wollen Sie gleich mehrere Seidenmalereien auf einmal fixieren, brauchen Sie einen entsprechend größeren Dampfdrucktopf. Unbedingt wichtig ist jedoch, daß jedes der Seidenstücke separat verpackt wird, wie zuvor beschrieben.

Stellen Sie den Dreieckständer für den Siebeinsatz in den Schnellkochtopf und füllen so hoch Wasser ein, daß es den daraufstehenden Siebeinsatz von unten nicht berührt.

T-Shirts und 2
T-Shirt-Kleider

Arbeitsanleitung
zur TOPP-Mappe 1205 von Christel Keller

Was Sie über die Seidenmalerei wissen sollten:

DIE SEIDE

Crêpe de Chine oder auch Pongé-Seide ist besonders für die Seidenmalerei geeignet, aber auch Crêpe Satin überzeugt gerade bei der Verarbeitung zu T-Shirts und T-Shirt-Kleidern durch den eleganten Fall. (Lesen Sie im folgenden Text über die Verarbeitung der Seide zu T-Shirts und T-Shirt-Kleidern.)
Nehmen Sie naturfarbene, rohweiße oder ganz hell eingefärbte Seidenstoffe. Die handgewebte Naturseide eignet sich schlecht für die Seidenmalerei, die dikken Noppen nehmen das Trennmittel nur sehr schlecht an, oft entstehen so ungewollte Verläufe.
Die Seide muß frei sein von Appretur und Fett. Auch wenn man Ihnen beim Kauf versichert, daß der Stoff nicht appretiert ist, waschen Sie ihn besser vor dem Bemalen bei 30 Grad mit einem schonenden Waschmittel. Anschließend gut ausspülen, kurz in ein Frottiertuch einrollen und noch feucht bei Einstellung „Seide" trockenbügeln. Das Waschen garantiert Ihnen, daß die Seide nicht einläuft (und das ist ganz besonders wichtig bei der Verarbeitung von Seide zu Kleidung).
Dünne Seide läßt sich gut reißen. Schneiden Sie jedoch am Anfang ein Stück ein und trennen dann den Schlußfaden ab. Dickere Seidenstoffe müssen Sie schneiden.

DER RAHMEN

Schneiden Sie den Stoff zu und spannen ihn mit Dekorationsnadeln auf einen Holzrahmen.

Lassen Sie sich einen solchen Rahmen vom Schreiner aus Holzleisten (auf Gehrung geschnitten) zusammensetzen; es geht aber auch ein größerer Holzbilderrahmen.
Etwas kostspieliger, jedoch besonders praktisch für die Bemalung großer Seidenstücke sind spezielle Rahmen für die

Seidenmalerei, die sich stufenlos in ihrer Größe verstellen lassen. So können Sie auch den aufgespannten Seidenstoff während der einzelnen Arbeitsgänge nachspannen, denn er wird leicht wellig durch die Feuchtigkeit der Farben.

Fangen Sie bei der Bespannung an einer Rahmenseite an, erst mit je einer Nadel an den beiden Rahmenecken, dann mit der dritten Nadel in der Mitte, weiter geht es dann rechts und links von der Mitte und so weiter.

Die Nadelabstände sollten nicht größer sein als 3 cm, der Faden darf durch das Spannen nicht wellig verlaufen und die Seidenfläche nicht faltig sein.

Tip

Bevor Sie mit Trennmittel oder Farbe weiterarbeiten, sollte unbedingt ein Abstand zwischen Rahmen und Arbeitsplatte geschaffen werden, der verhindert, daß Farbreste von der Arbeitsfläche wieder in die Seide zurückfließen. Ich lege unter jede Rahmenecke eine Papprolle (Reste von Tesa-Pack-Klebeband). Es ist auch von Vorteil, den Rahmen mit Tesa-Pack-Klebeband zu bekleben, das schützt die Seide vor Farbresten, die das Holz bei der vorangegangenen Malaktion aufgesaugt hat und durch neue Feuchtigkeit wieder abgeben könnte.

UND SO GEHT ES WEITER

Sie können mit einem weichen Bleistift (F) auf der gespannten Seide vorzeichnen. Zum Aufzeichnen bzw. Vorzeichnen auf Seide gibt es jetzt STRICH-ex. Die Vorzeichnung ist am nächsten Tag nicht mehr zu sehen, und feuchtet man die Vorzeichnung an, verschwindet sie sofort. Ideal also für alle, die frei auf der aufgespannten Seide zeichnen wollen!

Um geplante Muster, Ornamente, Motive anzulegen, um Flächen abzugrenzen und den freien Verlauf der Farbe zu bremsen, brauchen Sie Trennmittel. Es heißt je nach Hersteller auch Gutta, Sertie oder Isoliermittel.

Trennmittel gibt es in Fläschchen mit Tülle, und damit können Sie wie mit einem Stift direkt auf der Seide malen. Trennmittel gibt es in verschiedenen Farben. Bei farblosem Trennmittel wird der Strich nach dem Fixieren und Auswaschen der überschüssigen Farbe bzw. nach dem Reinigen weiß.

Mit einem Lappen oder Papiertaschentuch müssen Sie den ersten und letzten Tropfen des Trennmittels aus der Tülle auffangen.
Achten Sie darauf, daß alle Farbfelder geschlossen sind, sonst läuft die Farbe unkontrolliert weiter.

Ungewollte Trennmittelkleckse auf der Seide sollten Sie in das Motiv einarbeiten, denn sie lassen sich schlecht wieder entfernen.

Wenn Sie z. B. mehrere einzeln bemalte Teile später zusammennähen wollen und/oder Muster fortlaufen sollen, zeichnen Sie sich Markierungen ein.

Legen Sie Ihr Päckchen in den Siebeinsatz und stülpen eine Haube aus Alufolie darüber. Dieser Schutz ist unbedingt wichtig, denn er vermeidet, daß Kondenswasser auf die eingepackte Seide tropft.
Machen Sie jedoch nicht den Fehler und decken das gesamte Sieb mit Alufolie ab! Verschließen Sie den Topf sicher und bringen darin das Wasser schnell zum Kochen.
Die Fixierung dauert 50 bis 60 Minuten bei der zweiten Ringmarkierung des Drucktopfes.

Öffnen Sie den Topf dann schnell, denn je schneller der Dampf abgelassen wird, desto weniger gehen Sie das Risiko ein, daß sich Flüssigkeit im Topfinneren niederschlägt.
Nehmen Sie die Folienhaube gleich ab. Vorsicht, verbrennen Sie sich nicht daran! Ist das Päckchen ausgekühlt, können Sie es aus dem Topf nehmen und auspacken.
Bügeln Sie Ihr Tuch anschließend; stellen Sie das Bügeleisen dazu ruhig auf „Wolle" oder „Baumwolle".

Noch ein paar Tips und Anregungen
Einige Seiden, z. B. Crêpe de Chine, laufen beim Anfeuchten ein. Kalkulieren Sie also einen gewissen Schwund ein!
Ein zu spitzer Bleistift beschädigt die Seide beim Vorzeichnen.
Beginnt die Seide während der Malerei wegen der Feuchtigkeit der Farbe durchzuhängen, spannen Sie unbedingt nach.
Mischen Sie für größere Farbflächen ausreichend Farbvorrat an, denn ein Nachmischen oder Anrühren des gleichen Farbtones ist nahezu unmöglich.
Sammeln Sie Farbreste in verschiedenen Gläsern: eines für Gelbtöne, ein anderes für Rottöne, Blau-, Grün-, Violett-, Braun- und Grautöne. Beschriften Sie die Gläser entsprechend.
Rühren Sie die Farben vor Gebrauch immer gut auf, bei zu starken Farbablagerungen müssen sie gefiltert werden.
Wenn Sie im aquarellen Stil arbeiten und den Verlauf der Farben dennoch kontrollieren wollen, bremsen Sie ihn mit dem Haarfön. Stellen Sie ihn auf mittlere Hitze.

DIE TECHNIKEN DER SEIDENMALEREI

Trennmitteltechnik
Bei dieser Technik wird der Verlauf der Farbe durch die vorgezeichnete Kontur mit dem Trennmittel eingegrenzt. Die Motive für diese Mappe wurden hauptsächlich in dieser Technik gestaltet.

Salztechnik
Durch Salzkristalle (grobes oder feines Küchensalz), die auf die noch feuchte Farbfläche gestreut werden, entstehen bizarre Muster.
Wollen Sie diese Wirkung noch verstärken, wird die Seide vor dem Farbauftrag mit Verdünner eingestrichen. Es lohnt sich also, ein bißchen zu experimentieren.

Aquarelltechnik
Alle Farben dürfen sich begegnen und aufeinander reagieren. So kann auch naß in naß gemalt werden. Diese Technik eignet sich ganz besonders für die Darstellung von Landschaften.
Wenn Sie den Verlauf der Farben eindämmen oder auch zusätzlich scharf konturierte Motive auf der nassen Fläche erreichen wollen, können Sie mit dem Fön arbeiten, denn je schneller die Farbe trocknet, desto mehr wird ihr natürlicher Verlauf gebremst.

ZUSCHNEIDEN DER SEIDE FÜR T-SHIRTS

Die seidenen T-Shirts haben eine fertige Länge von 75 cm. Ich schneide aus dem 90 cm breit liegenden Material einen 1,50 m langen Seidenstreifen ab und spanne ihn mit Dekorationsnadeln auf den Holzrahmen. (Auf den Vorlagezeichnungen können Sie den Verlauf des Musters auch über die Schultern bzw. Rückseite des T-Shirts erkennen.)

Der Grundschnitt für T-Shirts ist auf Größe 40 abgestimmt. Wenn Sie Ihr Idealmaß ermitteln wollen, so gehen Sie beim Ermitteln der Weite von Ihrem Hüftumfang zuzüglich 5 cm aus.
Der Hals ist mit kleinem Knöpfchen und Öse geschlossen, der Halsausschnitt handrolliert.

ZUSCHNEIDEN DER SEIDE FÜR T-SHIRT-KLEIDER

Je nach Körpergröße haben die T-Shirt-Kleider eine fertige Länge von 1,20 bis 1,50 m. Schneiden Sie aus dem 90 cm breit liegenden Material die Länge Ihrer Wahl (in diesem Fall wegen des Stoffbruches die Länge doppelt nehmen, also 3 m) zu und spannen das große Seidenstück mit Dekorationsnadeln auf den Holzrahmen.

UND SO GEHT ES WEITER

Legen Sie den Schnitt (liegt in Originalgröße der Mappe bei) auf die Seide und übertragen die Grundform mit ganz weichem Bleistift auf die Seide.
Begrenzen Sie die Motivfläche: Fahren Sie dazu mit dem Trennmittel in einem Abstand von 3 cm entlang der Bleistiftlinie; dies ist zugleich die Nahtzugabe.

Beginnen Sie jetzt mit der Malerei: Übertragen Sie das Motiv mit weichem Bleistiftstrich auf die eingegrenzte Seidenfläche. Erst nach dem Bemalen wird zugeschnitten.

MATERIAL FÜR T-SHIRTS UND T-SHIRT-KLEIDER

Die Modelle dieser Mappe sind aus Crêpe de Chine, noch besser, etwas schwerer, aber auch eleganter fällt Crêpe Satin.

MODELL POLARIS

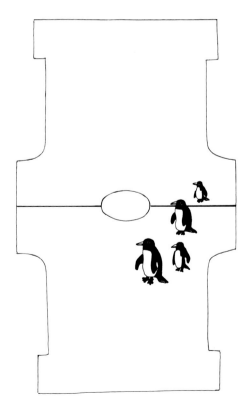

MODELL BUTTERFLY

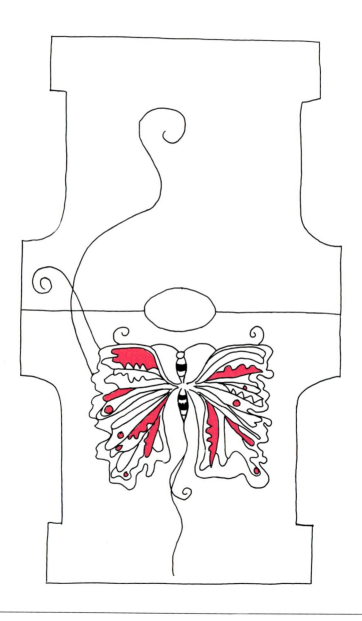

MODELL MADELAINE
T-Shirt-Kleid
(ohne Schlitz arbeiten)

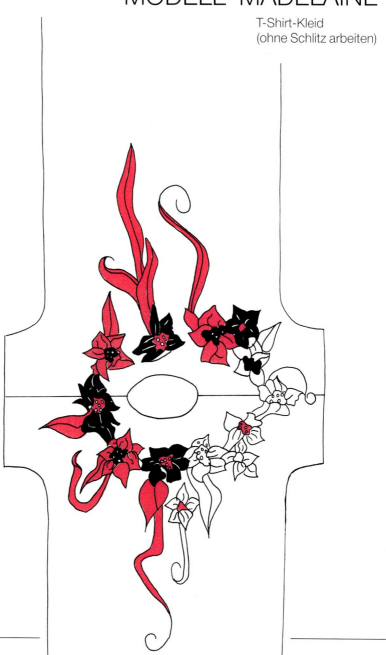

MODELL ANTIGONE

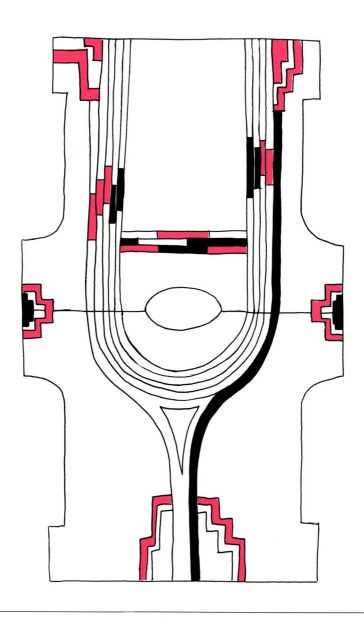

MODELL UNDERGROUND

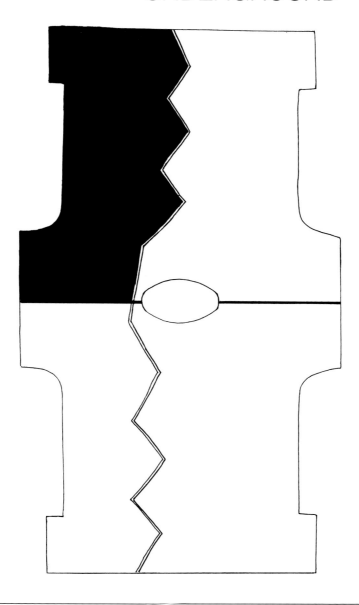

MODELL EXCALIBUR

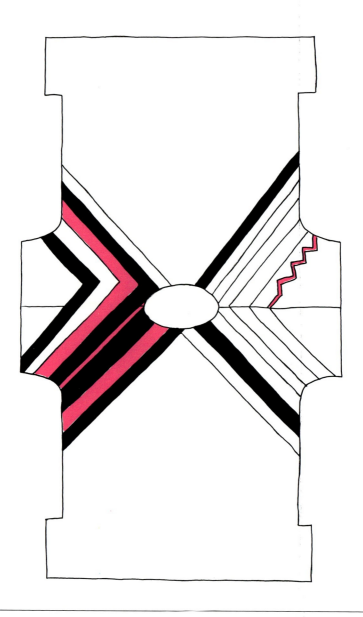

MODELL METRONOM

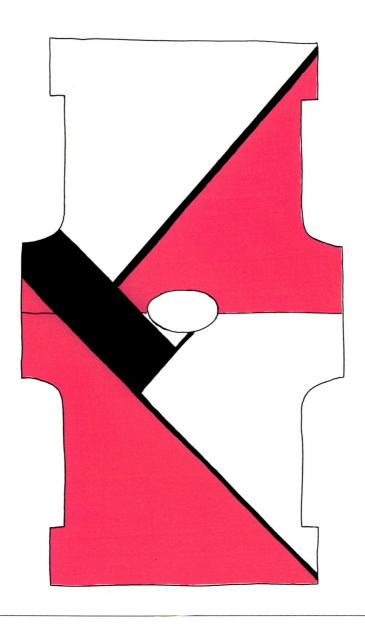

Wenn Sie sich für Seidenmode und Bekleidung interessieren, so möchte ich Ihnen noch weitere Mappen von mir empfehlen:

Seidenmode, handbemalt, TOPP Best.-Nr. 971

Wattierte Pullover aus bemalter Seide, TOPP Best.-Nr. 1065

Seidentücher, TOPP Best.-Nr. 1064

Seidene Minitücher mit Pfiff, TOPP Best.-Nr. 1073

T-Shirts und T-Shirt-Kleider aus bemalter Seide, Teil 1, TOPP Best.-Nr. 1204

Kuschelige Seidendecken und Kissen aus bemalter Seide, TOPP Best.-Nr. 1203